POEME SVR LES VICTOIRES DV ROY

TRADVIT DE LATIN EN FRANCOIS

Par P. CORNEILLE.

A PARIS,
Chez GUILLAUME DE LUYNE, Libraire juré, au Palais, en la Salle des Merciers, sous la montée de la Cour des Aydes, à la Iustice.

M. DC. LXVII.

Avec Privilege du Roy.

AV LECTEVR.

QVelque favorable accueil que sa Majesté ait daigné faire à cét ouvrage, & quelques applaudissements que la Cour luy ait prodiguez, je n'en dois pas faire grande vanité puisque je n'en suis que le Traducteur. Mais dans une si belle occasion de faire éclater la gloire du Roy, je n'ay point consideré la mienne; mon zéle est plus fort que mon ambition, & pourveu que je puisse satisfaire en quelque sorte aux devoirs d'un Sujet fidelle & passioné, il m'importe peu du reste. Le Public m'aura du moins l'obligation d'avoir déterré ce tresor, qui sans moy seroit demeuré ensevely sous la poussiere d'un Collége; & j'ay esté bien aise de pouvoir donner par là quelque marque de reconnoissance aux soins que les P P. Iesuites ont pris d'instruire ma jeunesse & celle de mes enfans, & à l'amitié particuliére dont m'honore l'Autheur de ce Panégirique. Ie ne l'ay pas traduit si fidelement, que je ne me sois enhardy plus d'une fois à estendre ou resserrer ses pensées: comme les graces des deux langues sont differentes, j'ay creu à propos de prendre cette liberté, afin que ce qui estoit excellent en Latin ne devinst pas insupportable en François. Vous en jugerez, & ne serez pas fasché que j'y aye fait joindre quelques autres Pieces, que vous avez déja veuës sur le mesme sujet. L'amour naturel que nous avons tous pour les productions de nostre esprit m'a fait espérer qu'elles se pourroient ainsi conserver l'une par l'autre, ou périr un peu plus tard.

REGI EPINICION.

ILLUSTRES *animæ, Divum genus, inclyta bello*
Nomina, Borbonidæ, grandi quos Gallia partu
Victores populorum, & Regum exempla creavit:
Si nunc magnanimi decus immortale nepotis
Surgit in immensum, & vestris se laudibus æquat;
Non tamen invidiæ vobis locus: ille parentum
Quando refert factis, animisque, & robore dotes:
Vestraque, dum vincit, pars est quoque magna triumphi.

Belgicus hos animos, & inexsuperabile robur
Nequicquam infrendens sensit Leo: quique priores
Luserat ante minas, vestrisque interritus armis
Obluctari ultro gaudebat, & obvius ire;

LES VICTOIRES DU ROY

EN L'ANNE'E 1667.

MANES des grands Bourbons, brillants foudres de guerre,
Qui fustes & l'éxemple & l'effroy de la Terre,
Et qu'un climat fécond en glorieux exploits
Pour le soutien des Lys vit sortir de ses Rois ;
Ne soyez point jaloux qu'un Roy de vostre race
Egale tout d'un coup vostre plus noble audace :
Vos grands noms dãs le sien revivent aujourd'huy,
Toutes les fois qu'il vainq, vous triomphez en luy,
Et ces hautes vertus que de vous il hérite
Vous donnent vostre part aux encens qu'il mérite.
C'est par cette valeur qu'il tient de vostre sang
Que le Lyon Belgique a veu percer son flanc :
Il en frémit de rage, & devenu timide
Il met bas cét orgueil contre vous intrépide,
Comme si sa fierté qui vous sceut résister
Attendoit ce Héros pour se laisser dompter.

Ille ducum seriem egrégiam, collectaque cernens
Agmina, & immensam Lodoici in pectore gentem:
Horret ad aspectum, nec iam ausus sistere contra,
Indociles iras & colla ferocia subdit.
Lætior hinc regni facies, hinc festa per urbes
Pompa, triumphales hinc templa per omnia cantus.
Et quanquam cum fama volat, cum maximus orbis
Solvitur in plausus, & plausibus accinit æther,
Nil præcone opus est: scelus est tamen alta silere
Victoris decora, indictamque relinquere laudem.

At neque Castalias mihi cura vocare sorores,
Nec veteri fuerit præcordia pandere Phœbo.
Tu mihi, tu Regum Rex optime, maxime Regum,
Numen eris, Lodoice, mihique in carmina sacrum
Ardorem, & dignos cæptis ingentibus ignes
Adijcies, magnus lucis pater, VNICUS VNI
Qui satis es mundo, NEC *sis quoque* PLURIBUS
IMPAR.

I AM *procul Hungaricos tutatus milite fines,*
Lunigeras acies Lodoicus & impia signa
Fuderat, extremasque Asiæ tremefecerat oras.
Iam quoque & infestum Libycis prædonibus æquor
Solverat, & priscis America incognita sæclis

Aussi cette fierté par le nombre alarmée
Voit en vn Chef si grand encor plus d'une Armée,
Dont par le seul aspect ce vieil orgueil brisé
Court aû devant du joug si long-temps refusé.
De là ces feux de joye & ces chants de victoire
Qui font briller par tout & retentir sa gloire,
Et bien que la Déesse aux cent voix & cent yeux
L'ait publiée en Terre, & fait redire aux Cieux,
Qu'il ne soit pas besoin d'aucune autre trompette,
Le cœur paroit ingrat quand la bouche est müette,
Et d'un nom que par tout la vertu fait voler
C'est crime de se taire où tout semble parler.
Mais n'atten pas, grand Roy, que mes ardeurs sincéres
Appellent au secours l'Apollon de nos péres;
A mes foibles efforts daigne servir d'appuy,
Et tu me tiendras lieu des Muses & de luy.
Toy seul y peux suffire, & dans toutes les ames
Allumer de toy seul les plus célestes flames,
Tel qu'épand le Soleil sa lumiére sur nous,
VNIQUE DANS LE MONDE, ET QUI SUFFIT A TOUS.

PAR l'ordre de son Roy les armes de la France
De la triste Hongrie avoient pris la défense,
Sauvé du Turc vainqueur un peuple gémissant,
Fait trembler son Asie & rougir son Croissant:
Par son ordre on voyoit d'invincibles courages
D'Alger & de Tunis arréter les pillages,
Affranchir nos vaisseaux de ces tyrans des mers,
Et leur faire à leur tour appréhender nos fers:

Fœderis immemores Anglos, opibusque feroces,
Et sociis Gallum meditantes pellere terris,
Viderat ejectos laceris fluitare per vndas
Puppibus, aut cæsis insternere littora turmis.

His super attonitum dolor anxius vrit Iberum,
Ingentesque premunt curæ. Quippe vltima longè
Terrarum, & Phœbo sub vtroque jacentia cernens
Regna metu trepidare, pari quoque corda moveri
Sentit & ipse metu: quoties probrosa recursat
Fraus innexa thoro, rigidæque iniuria pacis,
Iunctaque crudeli Regum connubia pacto.
Hunc adeo suspensum animi, rebusque timentem
Agnovit Lodoicus, & ardua mente volutans
Consilia, invictis vt Conjugis vltor in armis
Hannonios tractus Brabantinosque reposcat.
Ne tamen, ut quondam, solito sibi callidus astu
Consuleret, Martémque dolo præverteret hostis,
Obijcit insuetas Hispanis artibus artes,
Occultumque struit belli sub imagine bellum.
Ergo viros ad signa vocat; concurritur, omnis
Emicat impatiens & corripit arma juventus.
Ipse palatinas acies, prætoriaque inter
Vexilla, & lituûm sonitus, fremitusque tubarum,
Sole sub ardenti, planisque in vallibus heros
Informat resides animos, discitque docendo
Durum opus, & ficto mentem certamine pascit.

Nunc jubet effusis aciem decurrere campis,
Nunc stare aut junctis glomeratam incedere turmis,
Nunc spatiis mixtos equites concordibus ire,

L'An-

L'Anglois mesme avoit veu jusque dãs l'Amérique
Ce que c'est qu'avec nous rompre la foy publique,
Et sur Terre & sur Mer receu le digne prix
De l'infidélité qui nous avoit surpris :
Enfin du grand Louys aux trois parts de la Terre
Le nom se faisoit craindre à l'égal du tonnerre.
L'Espagnol s'en emeut, & gesné de remords
Après de tels succés il craint pour tous ses bords :
L'injure d'une paix à la fraude enchaisnée,
Les dures pactions d'un Royal Hyménée,
Tremblent sous les raisons & la facilité
Qu'aura de s'en vanger un Roy si redouté.

Louys s'en aperçoit, & tandis qu'il s'apreste
A joindre à tant de droits celuy de la conqueste,
Pour éblouïr l'Espagne & son raisonnement,
Il tourne ses aprests en divertissement :
Il s'en fait un plaisir, où par un long prélude
L'image de la guerre en affermit l'étude,
Et ses passetemps mesme instruisant ses soldats
Préparent un triomphe où l'on ne pense pas.
Il se met à leur teste aux plus ardentes Plaines,
Fait en se promenant leçon aux Capitaines,
Se delasse à courir de quartier en quartier,
Endurcit & soy-mesme & les siens au métier,
Les forme à ce qu'il faut que chacun cherche, ou craigne,
Et par de feints cõbats apprẽd l'Art qu'il enseigne.
Il leur montre à doubler leurs files & leurs rãgs,
A changer tost de face aux ordres différents,
Tourner à droite, à gauche, attaquer & défendre,
Enfoncer, soûtenir, caracoller, surprendre,

Aut flexos sinuare orbes gradibusve repressis
Exultare solo , aut subitos obvertere vultus :
Mox quoque direptis per prona per alta volare
Ensibus , aut certas tubulis explodere mortes ,
Præcipitesque rapi, cursuque lacessere nimbos.
Inde locum fossis munire , & cingere vallo
Castrorum juvat in morem : juvat addere castris
Excubias , vigilesque solo traducere noctes ,
Aut duro tenues in cespite carpere somnos.

Macte istis Lodoice animis , perge omine tanto
Et tibi , & optatas Gallis portendere lauros.
Nunc veteres pompas ludorum in prælia mutas ,
Et rigidum inducis læta in spectacula Martem :
Mox quoque cum fines Morinos , & Nervia vero
Mœnia Marte petes , fortemque vrgebis Iberum ,
Sic bellum tibi ludus erit , facilesque sequetur ,
Quo tuleris te cumque , comes Victoria nutus.

Audiit ex alto Pyrenes vertice festos
Ludentum strepitus , pompamque Hispania vidit :
Defixisque oculis mirata , tot horrida pilis
Agmina , tot cristas galeis fluitare comantes ,
Tot rutilis phaleras vestesqne nitere lapillis ,
Tot lætos in equis juvenes : Et luditur , inquit ,
Hæc sibi depositis Gallus facit otia curis.
Luditur , at magnos parient hæc otia motus :
Nec vanum , ludi pars magna , fatebere ludum.
Sæpe manu virtus quid Gallica posset & armis ,

Tantoſt marcher en corps, & tantoſt défiler,
Pouſſer à toute bride, attendre, reculer,
Tirer à coups perdus, & par toute l'Armée
Faire l'oreille au bruit & l'œil à la fumée.
Ce Héros va plus outre, il leur montre à camper,
A la Tente, à la hutte on les voit s'occuper;
Sa preſence aux travaux meſle de ſi doux charmes,
Qu'ils apprennent ſans peine à dormir ſous les armes,
Et comme s'ils étoient en païs dangereux,
L'ombre de Saint-Germain eſt un Bivoüac pour eux.
Achéve, grand Monarque, achéve, & parts ſans crainte,
Si tu t'es fait un jeu de cette guerre feinte,
Accoûtumé par elle à la pouſſiére, au feu,
La véritable ailleurs ne te ſera qu'un jeu.
Tes guerriers t'y ſuivront ſans y voir rien de rude,
Combatront par plaiſir, vaincront par habitude,
Et la victoire instruite à prendre icy ta loy
Dans les champs ennemis n'obéira qu'à toy.
L'Eſpagne cependant qui voit des Pyrénées
Donner ce grand ſpectacle aux Dames étonnées,
Loin de craindre pour ſoy, regarde avec mépris
Dans un camp ſi pompeux des guerriers ſi bien mis,
Tant d'habits comme au Bal chargez de broderie,
Et parmy des Canons tant de galanterie.
Quoy! l'on ſe jouë en France, & ce Roy ſi puiſſant
Croit m'effrayer, dit-elle, en ſe divertiſſant!
Il eſt vray qu'il ſe jouë, Eſpagne & tu devines,
Mais tu mettras au jeu plus que tu l'imagines,

Te Iuſtus, Iuſtique parens ter maximus olim
Henricus docuere: tamen licet hactenus æquo
Te non Marte parem clades non vna probaſſet,
Iamdudum inſtantem potuiſti avertere caſum
Conſilio melior. Lodoico ſcilicet uni
Laus fuit hæc ſervanda, & magnis debita fatis,
Conſilioque manuque tuos contundere faſtus.

Nec mora jam litui, jam rauco tympana pulſu
Inſonuere: volat ſpe feruidus, arvaque Gallus
Flandrica, & Hannonias ruit improviſus in arces.
Iamque adeo ingenti fremere vndique viſa tumultu
Belgica, jam patrij circum rugire leones,
Arrectiſque horrere jubis: ſimul alta fragore
Miſceri nemora, & triſtes vlulare cauernæ,
Flandrigenumque procul Scaldis regnator aquarum
In mare præcipites vrgere fugacior undas.
I modo, regales Hiſpania deſpice ludos.

Sic trifidos ignes, & ineluctabile telum
Si quando iratus mundi arbiter, humida rumpens

Et de ton dernier vol si tu ne te repens,
Tu ne verras finir ce jeu qu'à tes dépens.
Son pére & son ayeul t'ont fait voir que sa France
Sçait trop quand il luy plaist dompter ton arrogance,
Tant d'escadrons rompus, tant de murs emportez,
T'ont réduite souvent au secours des Traitez:
Ces disgraces alors te donnoient peu d'alarmes,
Tes conseils réparoient la honte de tes armes,
Mais le Ciel réservoit à nostre auguste Roy
D'avoir plus de conduite & plus de cœur que toy.
Rien plus ne le retarde, & déja ses Trompettes
Aux confins de l'Artois luy servent d'interprétes,
C'est de là, c'est par là qu'il s'explique assez haut.
Il entre dans la Flandre & rase le Hainaut,
Le François court & vole, une masle asseurance
Le fait à chaque pas triompher par avance;
Le desordre est par tout, & l'approche du Roy
Remplit l'Air de clameurs & la Terre d'effroy.
Iusqu'au fond du Climat ses Lions en rugissent,
Leur veuë en étincelle, & leurs crins s'en hérissent,
Les antres & les bois par de longs hurlements
Servent d'affreux Echos à leurs rugissements,
Et les Fleuves mal seurs dans leurs grottes profondes
Hastent vers l'Océan la fuite de leurs ondes;
Incertains de la marche ils tremblent tous pour eux.
Songe encor, songe, Espagne à mépriser nos jeux.
Ainsi quand le couroux du Maistre de la Terre
Pour en punir l'orgueil prépare son tonnerre,

Nubila, ſubjectas hominum moliturin arces:
Ipſe prius tremulis denſa in caligine ludit
Fulguribus, volucrique polum circumvolat auro:
Mox rutilum per iter, rapidiſque micantia flammis
Erumpit ſpatia, & magno ruit impete fulmen:
Vim tamen haud minuit ſplendor, necinania jactat
Murmura: gens longe tremit omnis, & ardua fumant
Syluarum, ac ſubito diſſultant ſaxa fragore.
Talis ades, talem te precipit omne, timetque
Vulgus, & inſueta fugiunt formidine ciues.
Paßim ſolâ arces, paßim indefenſa pateſcunt
Oppida: tuque adeo Baſſæa ingentibus olim,
Mœnia dum ſtarent, repetita laboribus: & tu
Diues agro, diues pecorum Armentaria cultu:
Tu quoque tu Carli de nomine dicta, novoque
Arx fabricata opere, & valido molimine ſtructa:
Te quanquam aggeribus vallatam, & flumine circum
Defenſam gemino, tela omnia & omnia contra
Fulmina Gallorum, nil fulminis indiga telive
Vna nec aſpecti Regis fortuna ſubegit.

Atque vtinam hunc morem & veſtra hæc exempla ſecutæ
Ceſſiſſent reliquæ, nec juſta in ſceptra rebelles
Indignum hoc propria nomen ſibi clade paraſſent.
At procul ejectos vallis Furnenſibus hoſtes,
Et domita video fractos excedere Berga.
Tornacique arces, muſiſque dicata Duaci

Qu'un orage impreveu qui roule dans les airs
Se fait connoiſtre au bruit & voir par les éclairs,
Ces foudres dont la route eſt pour nous inconnuë
Paroiſſent quelque temps ſe joüer dans la nuë,
Et ce feu qui s'échappe & brille à tout moment
Semble préter aux Cieux un nouvel ornement:
Mais enfin le coup tombe, & ce moment horrible
A force de tarder devenu plus terrible,
Etale aux yeux ſurpris des hommes écraſez,
Vne Plaine fumante, & des rochers briſez.
Telle on voit le Flamand préſumer ta venuë,
Grand Roy, pour fuir ta foudre il cherche à fuir
ta veuë,
Et de tes justes loix ignorant la douceur,
Il abandonne aux tiens des murs ſans défenſeur.
La Baſſée, Armentiére, auſſitoſt ſont deſertes,
Charle-roy qui t'attend, mais à portes ouvertes,
A Forts démantelez, à travaux démolis,
Sur le nom de ſon Roy laiſſe arborer tes Lys.
C'eſt-là le prompt effet de la frayeur commune,
C'eſt ce que font ſans toy ton nom & ta fortune;
Heureux tous nos Flamands, ſi l'éxemple ſuivy
Euſt par tout à tes droits fait justice à l'envy!
Furne n'auroit point veu ſes portes enfoncées,
Bergue n'auroit point veu ſes murailles forcées,
Et Tournay de tout temps tout François dans le
cœur
T'euſt receu comme Maiſtre & non comme
vainqueur.
Les Muſes à Doüay n'auroient point pris les ar-
mes
Pour coûter à ſon peuple & du ſang & des larmes,

Mœnia & antiquis Curtracum nobile bellis;
Aldenaram, cultæque caput regionis Alostum
Borbonium euersis victorem admittere portis.
Insuper & victo captiuum flumine Lisam,
Mœrentemque Sabim nequicquam, iniectaque Scaldi
Vincula, perruptosque aditus, & intima facto
Limite divisos per mille pericula Belgas.
Teque adeo denos vix expugnanda per annos,
Ilios ut quondam superum labor: acribus intus
Fœta viris pariter, largoque interrita cinctu
Insula: te decimus transmissam in Gallica vidit
Iura dies, & plura ingens hic præstitit Heros
Quam potuit junctis affingere fabula diuis.

Hæc rerum series, nullique parata priorum
Gloria, nec seris æquanda nepotibus olim:
Indomitum Flandros genus, & firmissima claustris
Oppida, quæ nec opum vis magna, operumve, ducumve,
Nec proavi domuere, nec excita finibus omnis
Gallia adhuc, non mille rates, non mille carinæ,
Frænare imperijs, armisque metuque subacta
Præcipiti ad nutum sibi posse adjungere bello,
Herois labor ille fuit. Sed nec mihi cuncta
Fas canere, aut meritas procerum decurrere laudes,
Nec magnos modulis æquare jacentibus ausus.
Nam quid ego egregiã virtutem & digna Philippi
Cœpta loquar? Quid prima inter discrimina, lucis
Contẽptorem animũ? Quid apertam in dona, parẽque
Muneribusque armisque manum? tum si qua vocarẽt

Courtray

Courtray ſans en verſer euſt changé de deſtin ;
Ce refuge orgueilleux de l'Eſpagnol mutin,
Aloſt, n'euſt point fourny de matiére à ta gloire,
Audenarde jamais n'euſt pleuré ta victoire :
Que diray-je de l'Iſle, où tant & tant de tours,
De Forts, de baſtions, n'ont tenu que dix jours ?
Ces murs ſi rechantez dont la noble rüine
De tant de Nations flate encor l'origine,
Ces remparts que la Gréce & tant de Dieux liguez
En deux luſtres à peine ont pû voir ſubjuguez,
Eurent moins de défenſe, & l'Art en leur ſtructure
Avoit moins ſecouru l'effort de la Nature,
Et ton bras en dix jours a plus fait à nos yeux
Que la Fable en dix ans n'a fait faire à ſes Dieux.
Ainſi par des ſuccès que nous n'oſions attendre
Ton Etat voit ſa borne au milieu de la Flandre,
Et la Flandre qui craint de plus grands change--
ments
Voit ſes fleuves captifs diviſer ſes Flamands.
C'eſt là ton pur ouvrage, & ce qu'en vain ta
France
Elle-meſme a tenté ſous une autre puiſſance,
Ce que ſembloit le Ciel défendre à nos ſouhaits,
Ce qu'on n'a jamais veu, qu'on ne verra jamais,
Ce que tout l'avenir à peine voudra croire...
Mais de quel front oſay-je ébaucher tant de gloire,
Moy, dont le ſtyle foible & le Vers mal ſuivy
Ne ſçauroict meſme atteindre à ceux qui t'ont ſervi?
Souffre moy toutefois de taſcher à portraire
D'un Roy tout merveilleux l'incomparable frére,
Sa libéralité pareille à ſa valeur,
A l'eſpoir du combat ce qu'il ſent de chaleur,

Prælia, si qua sonum procul auribus æra dedissent,
Quam stare indocilis, quam se subducere tardis
Callidus agminibus sociorum, avidusque negata
Protinus effræno tentare pericula cursu?
Talis in effusas Brugensi limite turmas
Infestum per iter sese incomitatus agebat
Victrici impatiens sibi tempora cingere lauro.
Cinxissetque adeo, tantæ nisi cladis honorem,
Victoremque tibi tantum, Marcine, negaßent
Et conjuratam properassent fata ruinam.

Quid memorem reliquos? pulchræque cupidine famæ
Flagrantem assidue, & non inferiora sequentem
Enguineum, feruens & inexsaturabile pectus?
Vt belli exultans fremitu, rapidumque fatigans
Alipedem, mediis in cædibus, asperaque inter
Tela, necem stricto Belgasque lacesseret ense?
Vt fractæ fugerent acies, dextraque tonantem
Fulminea, procul arma super, lateque jacentum
Corporaque & calido spumantes sanguine cristas,
Bellicus immissis impelleret ardor habenis,
Et patrem soboles invictum invicta referret?
Quid nunc ut paribus Longavillæa propago
Carolus incensus stimulis, & utroque parentum
Sanguine, spem gestis, sensu præverterit annos,
Exequar? utque manu prostrato ex hoste trophæa
Vi raperet, raptisque viam sibi rumperet armis?

Ce que luy fait oser l'inéxorable envie
D'affronter les périls au mépris de sa vie,
Lors que de sa grandeur il peut se démesler,
Et trompe autour de luy tant d'yeux pour y voler.
Les tristes champs de Bruge en rendront témoignage;
Ce fut là que pour suite il n'eut que son courage.
Il fuyoit tous les siens pour courir sur tes pas,
Marcin, & ta déroute eust signalé son bras,
Si le Destin jaloux qui l'avoit arrétée
Pour en croistre l'affront ne l'eust precipitée.
Et sur ton nom famenx déployé sa rigueur
Iusques à t'envier un si noble vainqueur.
Anguien le suit de près, & n'est pas moins avide
De ces occasions où l'honneur sert de guide.
L'Escaut épouvanté voit ses prémiers efforts
Le couronner de gloire au travers de cent morts,
Donner sur l'embuscade, en pousser la retraite,
Triompher des périls où sa valeur le jette,
Et montrer dans un cœur aussi haut que son rang
De l'illustre Condé le véritable sang.
Saint Paul de qui l'ardeur prévient ce qu'on espére,
De son costé Dunois & Condé par sa mére,
A l'un & l'autre nom répond si dignement,
Que des plus vaillants mesme il est l'étonnement.
Des armes qu'il arrache aux mains qui le combatent
Il commence un trophée où ses vertus éclatent,
Et pour forcer la Flandre à prendre un joug plus doux
Les pals les plus serrez font passage à ses coups.

Sed neque tot procerum virtus insueta, ducumve
Sive senum labor & Martis constantior usus ;
Seu juvenum Lodoici animis audacia certet.
Scilicet ex illo vigor omnibus, omnibus idem
Impetus, una omnis simili succenditur igne
Miles, & in medias tanto ruit auspice mortes.

Nempe alij castris procul, armorumque tumultu
Secessu in placido, atque aulæ penetralibus aureis
Bella gerant reges : lentique inglori ducant
Otia, pugnarum docti describere leges,
Et sedare suas alieno sanguine rixas.

Mais où va m'emporter un zèle téméraire,
A quoy m'expose-t'il, & que prétens-je faire;
Lors que tant de grands noms, tant d'illustres exploits
Tant de Héros enfin s'offrent tous à la fois?
Magnanimes guerriers, dont les hautes merveilles
Lasseroient tout l'effort des plus sçavantes veilles,
Bien que vostre valeur étonne l'Vnivers
Qu'elle mette vos noms au dessus de mes Vers,
Vos miracles pourtant ne sont point des miracles,
L'éxemple de Louys vous leve tous obstacles:
Marchez dessus ses pas, fixez sur luy vos yeux;
Vous n'avez qu'à le voir, qu'à le suivre en tous lieux,
Qu'à laisser faire en vous l'ardeur qu'il vous inspire,
Pour vous faire admirer plus qu'on ne vous admire.
Cette ardeur qui des Chefs passe aux moindres soldats
Anime tous les cœurs, fait agir tous les bras;
Tout est beau, tout est doux sous de si grands auspices,
La peine a ses plaisirs, la mort a ses délices,
Et de tant de travaux qu'il aime à partager,
On n'en voit que la gloire, & non pas le danger.
Il n'est pas de ces Rois qui loin du bruit des armes
Sous des lambris dorez donnent ordre aux alarmes,
Et traçant en repos d'ambitieux projets
Prodiguent à couvert le sang de leurs Sujets.

Iuverit hoc alios. Tibi famam extendere factis
Exemplo resides urgere, offerre pruinis
Ardorique caput, rigido sudare sub ære,
Insomnes vigilare inter tentoria noctes,
Aut vallum lustrare in equo [illegible] *tum, sicubi portis*
Ingruit, aut subitis petitur conatibus hostis.
Crebra licet cædes, licet undique plurima telis
Affluat, & volucri mors grandine verberet aures;
Impauidum volitare, animos accendere dictis,
Mercarique tuas proprio discrimine lauros.

Hic tibi mos fuerit, Lodoice: his artibus omne
Borbonidum genus; & generis caput, additus aris
Bisque Arabum quondam domitor Lodoicus, & ingens
Augusti titulo ac belli virtute Philippus
Floruit. His oculis, hoc vultu, hoc impete fertur
Suetus in adversas aciem deducere gentes,
Oppida dum quateret Flandrorum, aut sanguine tinctus
Illustres faceret Germana clade Bovinas.

Vos mihi nunc Franci proceres, assuetaque Regi
Pectora, vos omni fortes ex ordine turmæ,
Dicite, quis menti sensus fuit, aut quibus illum
Spectastis victorem oculis: cum culmine ab alto
Cederet immixtus turbæ, communibus omnes

Il veut de ſa main propre enfler ſa renommée,
Voir de ſes propres yeux l'état de ſon Armée,
Se fait à tout ſon Camp reconnoiſtre à la voix,
Viſite la Tranchée, y fait ſuivre ſes loix :
S'il faut des aſſiégez repouſſer les ſorties,
S'il faut livrer aſſaut aux places investies,
Il montre à voir la mort, à la braver de près,
A mépriſer par tout la greſle des mousquets,
Et luy meſme eſſuyant leur plus noire tempeſte
Par ſes propres périls achéte ſa conqueſte.
Tel le grand ſaint Louys, la tige des Bourbons,
Luy meſme du Soldan forçoit les bataillons,
Tel ſon ayeul Philippe acquit le nom d'Auguste
Dans les fameux hazards d'une guerre auſſi juste,
Avec le meſme front, avec la meſme ardeur
Il terraſſa d'Othon la ſuperbe grandeur,
Couvrit devant ſes yeux la Flandre de ruïnes,
Et du ſang Allemand fit ruiſſeler Bovines.
Tel enfin, grand Monarque, aux campagnes d'Yvry,
Tel en mille autres lieux l'invincible Henry,
De la Ligue obstinée enfonçant les cohortes
Te conquit de ſa main le ſceptre que tu portes.
Vous, ſes prémiers Sujets, qu'attache à ſon coſté
La ſplendeur de la race ou de la Dignité,
Vous dignes Commandants, vous dextres águerries,
Troupes aux champs de Mars dès le berceau nourries,
Dites moy de quels yeux vous viſtes ce grand Roy,
Après avoir rangé tant de murs ſous ſa loy,
Deſcendre parmy vous de ſon char de victoire,
Pour vous donner à tous voſtre part à ſa gloire.

Vocibus affari, atque operum laudare laborem,
Vulneraque & sævos dictis mulcere dolores,
Officiis certare, alios & vincere lætus,

Vos modo felices tanto victore subacti
Flandrigenæ, quibus ipsa minus victoria clade
Profuerat, longamque ferent hæc bella salutem.
En erit, ut vestras postquam Bellona per urbes
Sæviit, & patrio longum satiata cruore est,
Curarum expertem liceat decurrere vitam,
Et sperare aditus, & principis ora tueri.
Non ita quos vobis peregrino è littore mittit
Hispanus dominos: non hanc sibi fingere mores
Ad speciem soliti, similesque capescere ritus:
At secum assidue veterum decora alta parentum
Et grandes titulos magni versare sub umbra
Nominis: aut sese communi prodere luci
Sicubi contigerit, truculento incedere vultu
Cuncta supercilio suspendere, torua tueri,
Et populo præbere sui spectacula gressus.
Sed rigor hic tandem, tumidique ferocia fastus
Regis ad aspectum tenues vanescit in auras.
Hunc adeo effuso devicta per oppida plausu
Sæpe incedentem vidistis, & ordine longo
Ad sacra ducentem victrices templa catervas.

De quels yeux vistes vous son auguste fierté
Vnir tant de tendresse à tant de Majésté,
Honorer la valeur, estimer le service,
Aux belles actions rendre prompte justice,
Secourir les blessez, consoler les mourans,
Et pour vous applaudir passer dans tous vos rangs?
Parlez, nouveaux François, qui venez de connoistre
Quel est vostre bon-heur d'avoir changé de maistre,
Vous, qui ne voyiez plus vos Princes qu'en portrait,
Sujets en apparence, esclaves en effet.
Pouvez vous regretter ces démarches pompeuses,
Ces fastüeux déhors, ces grandeurs sourcilleuses,
Ces Gouverneurs enfin envoyez de si loin,
Touts-puissans en parade, impuissants au besoin;
Qui ne montrant jamais qu'un œil farouche & sombre
A peine vous jugeoient dignes de voir leur ombre?
Nos Rois n'éxigent point cét odieux respect,
Chacun peut chaque jour jouïr de leur aspect,
On leur parle, on reçoit deux mesmes le salaire
Des services rendus, ou du zèle à leur plaire,
Et l'amoureux attrait qui régne en leurs bontez
Leur gaigne d'un coup d'œil toutes les volontez.
Pourriez-vous en vouloir une plus seure marque,
Belges? vous le voyez, cét illustre Monarque
A vos temples ouverts conduire ses vainqueurs,
Pour y benir le Ciel de vos propres bon-heurs.

Non illum laurisque gravem, Tyrioque superbum
Murice, purpurei compta cervice jugales
Quadrijugo in curru duxere, nec agmina pone
Captiva implexis visa hic evincta catenis
Horrendos inter ferri reptare sonores.
Non titulos, captasque urbes, non diruta ferro
Mœnia, non victis mœrentia flumina ripis,
Fusaque squallenti rerum simulachra metallo;
At neque prædam oculis ingentem, aurique talenta,
Spiculaque, & clypeos, ensesque, aggestaque signa,
Et rigidis appensa ducum spolia aurea truncis,
Ostentare labor. Veteres hæc pompa Metellos,
Hæc Paulos deceat, Mariosve, & quotquot iniquo
Roma duces plausu celsa ad Capitolia duxit
Prædatrix populorum: alio se more videndum,
Cultu alio gentis decuit præbere parentem.
Ergo animos placido visus sibi subdere vultu,
Indignaque nouos formidine soluere cives.
Vndique festiuo fremit omnis Belgica pubes
Murmure; composito pars labra natantia risu,
Pars lætos oculorum ignes, & utrimque fluentem
Erecta ceruice comam: pars ardua frontis
Miratur decora, & cultu sub simplice laudat
Regales habitus, majestatemque serenam.
Cuncti animum flecti facilem plebisque patentem
Questibus, & recta librantem singula lance,
Et memorant ultro, & tanto sibi vindice gaudent.

Eſt-il environné de ces pompes crüelles
Dont à Rome éclatoient les victoires nouvelles
Quand tout autour d'un char elle voyoit traiſnez,
Des peuples ſoupirants & des Rois enchaiſnez?
Qu'elle admiroit l'amas des affreux brigandages
D'où tiroient leurs grands noms ſes plus grands perſonnages,
Et des fleuves domptez les ſimulacres vains
Qui ſous des flots de bronze adoroient ſes Romains?
Il n'y fait point porter les dépouilles des villes,
Comme ſes Marius, ſes Métels, ſes Emiles,
Et ce reste inſolent d'avides conquérants,
Grands Héros dans ſes murs, par tout ailleurs tyrans.
Il entre avec éclat, mais voſtre populace
Ne voit point ſur ſon front de faſt, ny de menace,
Il entre, mais d'un air qui ravit tous les cœurs,
En pére des vaincus, en maiſtre des vainqueurs.
Peuples, repentez-vous de voſtre réſistance,
Il raméne en vos murs la joye & l'abondance,
Voſtre défaite en chaſſe un ſort plus rigoureux
Si vous aviez vaincu, vous ſeriez moins heureux.
On m'en croit, on l'aborde, on luy porte des plaintes,
Il écoute, il prononce, il fait des loix plus ſaintes,
Chacun reſte charmé d'un ſi facile accès,
Chacun des maux paſſez gouſte le doux ſuccès,
Iure avec l'Eſpagnol un éternel divorce,
Et porte avec amour un joug reçeu par force
C'eſt ainſi que la Terre au retour du Printemps

Flamina , & excussos gelidis è nubibus imbres,
Sol nostrum radiis afflat propioribus orbem :
Ipsa licet primo tellus animata calore
Æstuet in nebulas , reducique obsistere Phœbo ,
Et lucem undanti tentet prohibere vapore :
Sol tamen obstructas densa caligine nubes
Discutit erumpens, & amico lumine vernas
Vndique spargit opes : donis tum victa recludit
Terra sinus, & amat quos ante refugerat ignes,
Victoremque volens, vel dum superatur, adorat.
Perge age sic victas , Regum fortissime , gentes
Adijcere imperio , sic magnum in sæcula nomen
Mittere , sic teneram virtutis imagine prolem
Excolere, inque alias crescentem accendere lauros.
Ipse in cuncta puer jam nunc comes ire pericla ,
Et proprijs Belgas tibi subdere miles in armis
Gestiret : pudor est , castris dum tota juventus
Emicat , imbelli lentum nutricis in umbra
Indecores ludos , & inania ludere bella :
Necdum æquas animis vires , annosque morantes
Increpat. Ah quantus Martis quondam ibit in artes
Quantus honos tibi Galle , tibi quot Ibere labores,
Cum firmata parem genitori hunc fecerit ætas,
Gallicaque immensis implebit fata triumphis.
Vos superi prolemque patri , prolique parentem
Seruate interea : neue hunc , dum jura tuetur,
Et pleno inuadit lethi discrimina passu,
Inuida sors nobis , aut bellicus auferat ardor.

CAROLUS DE LA RUE S. I.

Des graces du Soleil ſe défend quelque temps,
De ſes prémiers rayons refuit les avantages,
Et pour les repouſſer éléve cent nüages:
Le Soleil plus puiſſant diſſipe ces vapeurs,
S'empare de ſon ſein, y fait naiſtre des fleurs,
Y fait germer des fruits, & la Terre à leur veuë
Se trouvant enrichie auſſitoſt que vaincue,
Ouvre à ce Conquérant jusques au fond du cœur,
Et pleine de ſes dons adore ſon vainqueur.

Pourſuy, grand Roy, pourſuy, c'eſt par là qu'on
s'aſſeure
Vn respect immortel chez la race future,
C'eſt par là que le Ciel prépare ton DAVPHIN
A remplir hautement ſon illustre destin:
Il y répond ſans peine, & ſon jeune courage
Accuſe inceſſamment la pareſſe de l'aage,
Toute ſon ame vole aprés tes étendards,
Bruſle de partager ta gloire & tes hazards,
D'aller ainſi que toy de conqueſte en conqueſte.
Conſervez, justes Cieux, & l'une & l'autre teſte,
Modérez mieux l'ardeur d'un Roy ſi généreux,
Faites le ſouvenir qu'il fait ſeul tous nos vœux,
Que tout noſtre destin s'attache à ſa perſonne,
Qu'il feroit d'un faux pas chanceler ſa couronne,
Et puisque ſes périls nous forcent de trembler,
Du moins n'en ſouffrez point qui nous puiſſe ac-
cabler.

TRADVCTIONS ET IMITATIONS de l'Epigramme Latine de Monsieur de Montmor premier Maistre des Requestes de l'Hostel du Roy.

FVlminat attonitas Scaldis Lodoïcus ad arces,
Intrepidusque hostes terret ubique suos:
Dum tamen augustum caput obiectare periclis,
Non timet, heu! populos terret & ille suos.

TRADVCTION.

SVr l'Escault étonné tu lances la tempeste,
Grand Prince, & fais trembler par tout tes Ennemis:
Mais quand tu ne crains pas d'y hazarder ta teste,
Tu fais trembler aussi ceux que Dieu ta soumis.

IMITATION.

TEs glorieux périls remplissent tes projets,
Grand Roy, mais tu fais peur aux deux partis ensemble;
Et si devant tes pas toute l'Espagne tremble,
Ces périls où tu cours font trembler tes Sujets.

AVTRE.

TOn courage, grand Roy, que la gloire accompagne
Iette les deux partis dans un pareil effroy,
Et si quand tu parois tu fais trembler l'Espagne,
Les lieux où tu parois nous font trembler pour toy.

AVTRE.

ET l'Espagne & les tiens, grand Prince, à te voir faire
De pareilles frayeurs se laissent accabler,
L'Espagne à ton aspect tremble à son ordinaire,
Les tiens par tes périls apprennent à trembler.

AV ROY SVR SON RETOVR DE FLANDRE.

TV reviens, ô mon Roy, tout couvert de lauriers,
Les palmes à la main tu nous rends nos Guerriers,
Et tes peuples ſurpris & charmez de leur gloire
Meſlent un peu d'envie à leurs chants de victoire.
Ils voudroient avoir veu comme eux aux champs de Mars
Ton auguste fierté guider tes Etendards,
Avoir dompté comme eux l'Espagne en ſa milice,
Réduit comme eux la Flandre à te faire justice
Et ſçeu mieux prendre part à tant de murs forcez,
Que par des feux de joye & des vœux exaucez.
Nos Muſes à leur tour de meſme ardeur ſaiſies
Vont redoubler pour toy leurs nobles jalouſies,
Et ta France en va voir les merveilleux efforts
Déployer à l'envy leurs plus rares treſors.
Elles diront quels ſoins, quels rudes exercices
Quels travaux aſſidus étoient lors tes délices,

Quels ſecours aux bleſſez prodiguoit ta bonté,
Quels éxemples donnoit ton intrépidité,
Quels rapides ſuccès ont accrû ton Empire,
Et le diront bien mieux que je ne le puis dire :
C'eſt à moy de m'en taire, & ne pas avilir
L'honneur de ces lauriers que tu viens de cueillir.
De mon Génie uſé la chaleur amortie
A leur gloire immortelle eſt trop mal aſſortie,
Et défigureroit tes grandes actions
Par l'indigne attentat de ſes expreſſions.
Que ne peuvent, grand Roy, tes hautes Destinées
Me rendre la vigueur de mes jeunes années ?
Qu'ainſi qu'au temps du Cid je ferois de jaloux !
Mais j'ay beau rapeller un ſouvenir ſi doux,
Ma veine qui charmoit alors tant de balustres
N'eſt plus qu'un vieux torrent qu'ont tary douze lustres,
Et ce ſeroit en vain qu'aux miracles du temps
Ie voudrois oppoſer l'acquis de quarante ans ;
Au bout d'une carriére & ſi longue & ſi rude,
On a trop peu d'haleine & trop de laſſitude :
A force de vieillir un Autheur perd ſon rang,
On croit ſes vers glacez par la froideur du ſang,
Leur dureté rebute, & leurs poids incommode,
Et la ſeule tendreſſe eſt toûjours à la mode.
Ce dégouſt toutefois ny ma propre langueur
Ne me font pas encor tout à fait perdre cœur,
Et dès que je voy jour ſur la Scéne à te peindre ;
Il rallume auſſi-toſt ce feu preſt à s'éteindre :
Mais comme au vif éclat de tes faits inoüis
Soudain mes foibles yeux demeurent éblouïs,

I'y

I'y porte au lieu de toy ces Héros dont la gloire
Semble épuiſer la Fable & confondre l'Hiſtoire,
Et m'en faiſant un voile entre la tienne & moy,
I'aſſeure mes regards pour aller juſqu'à toy.
Ainſi de ta ſplendeur mon idée enrichie
En applique à leur front la clarté refléchie,
Et forme tous leurs traits ſur les moindres des tiens
Quand je veux faire honneur aux ſiécles anciens.
Sur mon Théatre ainſi tes vertus ébauchées
Sément ton grand portrait par piéces détachées,
Les plus ſages des Rois comme les plus vaillans
Y reçoivent de toy leurs plus dignes brillans;
I'emprunte pour en faire une pompeuſe image
Vn peu de ta conduite, un peu de ton courage,
Et j'étudie en toy ce grand art de régner
Qu'à la Poſtérité je leur fais enſeigner.
C'eſt tout ce que des ans me peut ſouffrir la glace;
Mais j'ay d'autres moy-meſme à ſervir en ma place,
Deux fils dans ton Armée, & dont l'unique employ
Eſt d'y porter du ſang à répandre pour toy.
Tous deux ils taſcheront dans l'ardeur de te plaire
D'aller plus loin pour toy que le nom de leur pére,
Tous deux impatiens de le mieux ſignaler
Ils bruſleront d'agir quand je tremble à parler,
Et ce feu qui ſans ceſſe eux & moy nous conſume
Suppléra par l'épée au defaut de ma plume.
Pardonne, grand Vainqueur, à cét emportement,
Le ſang prẽd malgré nous quelquefois ſon momẽt,
D'un pére pour ſes fils l'amour eſt légitime,
Et j'ay droit pour les miens de garder quelque eſtime,

Après qu'en leur faveur toy-mesme as bien voulu
M'asseurer que l'abord ne t'en a point déplû.
Le plus jeune a trop tost receu d'heureuses marques
D'avoir suivy les pas du plus grand des Monarques:
Mais s'il a peu servy, si le feu des mousquets
Arréta dés Doüay ses plus ardens souhaits,
Il fait gloire du lieu que perça leur tempeste,
Ceux qu'elle atteint au pied ne cachent pas leur teste,
Sur eux à ta fortune ils laissent tout pouvoir,
Et s'offrent tous entiers aux hazards du devoir.
De nouveau je m'emporte. Encor un coup pardonne
Ce doux égarement que le sang me redonne.
Sa flateuse surprise aisément nous séduit,
La pente est naturelle, avec joye on la suit,
Elle fait une aimable & prompte violence,
Dont pour me garantir je n'ay que le silence.
Grand Roy, qui vois assez combien j'en suis confus,
Souffre que je t'admire, & ne te parle plus.

REMERCIMENT PRESENTE' AV ROY EN L'ANNE'E 1663.

AINSI du Dieu vivant la bonté ſurprenante
Verſe quand il luy plaiſt ſa grace prévenante,
Ainſi du haut des Cieux il aime à départir
Des biens dont noſtre espoir n'oſoit nous avertir.
Comme ſes moindres dons excédent le mérite,
Cette meſme bonté ſeule l'en ſollicite,
Il ne conſulte qu'elle, & maiſtre qu'il en eſt,
Sans devoir à perſonne il donne à qui luy plaiſt.
Telles ſont les faveurs que ta main nous partage,
Grand Roy, du Roy des Rois la plus parfaite Image,
Tel eſt l'épanchement de tes nouveaux bien-faits;
Il prévient l'espérance, il ſurprend les ſouhaits,
Il paſſe le mérite, & ta Bonté ſuprème
Pour faire des heureux les choiſit d'elle-meſme.
Elle m'a mis du nombre, & me force à rougir
De ne me voir qu'un zèle incapable d'agir,

Son excès dans mon cœur fait des troubles étrãges:
Ie ſçay que je te dois des vœus & des loüanges,
Que ne t'en pas offrir c'eſt te les dérober;
Mais ſi j'y fais effort, je cherche à ſuccomber,
Et le plus beau ſuccès que ma Muſe en obtienne
Profanera ta gloire & détruira la mienne.
Ie veux bien l'immoler toute entiére à mon Roy,
Mais ſi je n'en ay plus, je ne puis rien pour toy,
Et j'en dois prendre ſoin, pour éviter le crime
D'employer à te peindre un pinceau ſans estime.
Il n'eſt dans tous les Arts ſecret plus excellent,
Que d'y voir ſa portée & choiſir ſon talent:
Pour moy, qui de loüer n'eus jamais la méthode,
I'ignore encor le tour du Sonnet & de l'Ode,
Mon Génie au Théatre a voulu m'attacher,
Il en a fait mon fort, il ſçait m'y retrancher,
Par tout ailleurs je rampe, & ne ſuis plus moy-même;
Mais là j'ay quelque nom, là quelquefois on m'aime,
Là ce meſme Génie oſe de temps en temps
Tracer de ton portraict quelques traits éclatans.
Par eux de l'Andromede il ſçeut ouvrir la Scéne,
On y vit le Soleil instruire Melpoméne,
Et luy dire qu'un jour Aléxandre & Céſar
Sembleroient des vaincus attachez à ton Char.
Ton front le promettoit, & tes prémiers miracles
Ont remply hautement la foy de mes Oracles.
A peine tu parois les armes à la main,
Que tu ternis les noms du Grec & du Romain,
Tout tremble, tout fléchit ſous tes jeunes années,
Tu portes en toy ſeul toutes les Destinées,

Rien n'eſt en ſeureté s'il ne vit ſous ta loy,
On t'offre, ou pour mieux dire, on prend la Paix
de toy,
Et ceux qui ſe font craindre aux deux bouts de la
Terre,
Pour ne te craindre plus, renoncent à la guerre.
Ton Hymen eſt le ſçeau de cette illustre Paix:
Sur ces grands coups d'Etat tout parle, & je me
tais,
Et ſans me hazarder à ces nobles amorces,
I'attends l'occaſion qui s'arréte à mes forces.
Ie la trouve, & j'en prens le glorieux employ,
Afin d'ouvrir ma Scéne encor un coup pour toy.
I'y mets la Toiſon d'or, mais avant qu'on la voye,
La Paix vient elle-meſme y préparer la joye;
L'Hymen l'y fait deſcendre, & de Mars en couroux
Par ta digne moitié j'y romps les derniers coups.
On te voyoit dès lors à toy ſeul comparable
Faire éclater par tout ta conduite adorable,
Remplir les bons d'amour & les meſchãs d'effroy;
Iusque-la toutefois tout n'étoit pas à toy,
Et quelques doux effets qu'euſt produit ta Victoire,
Les conſeils du grand Iule avoient part à ta gloire.
Maintenant qu'on te voit en digne Potentat
Réünir en ta main les reſnes de l'Etat,
Que tu gouvernes ſeul, & que par ta prudence
Tu rappelles des Rois l'auguste indépendance,
Il eſt temps que d'un air encor plus élevé
Ie peigne en ta perſonne un Monarque achevé,
Que j'en laiſſe un modéle aux Rois qu'on verra
naiſtre,
Et qu'ẽ toy pour régner je leur preſente un Maiſtre.

C'eſt-là que je ſçauray fortement exprimer
L'art de te faire craindre & de te faire aimer,
Cét accès libre à tous, cét accueil favorable,
Qu'ainſi qu'au plus heureux tu fais au miſérable:
Ie te peindray vaillant, juste, bon, libéral,
Invincible en la Guerre, en la Paix ſans égal,
Ie peindray cette ardeur constante & magnanime
De retrancher le luxe & d'extirper le crime,
Ce ſoin toûjours actif pour les nobles projets,
Toûjours infatigable au bien de tes Sujets,
Ce choix de Serviteurs fidelles, intrépides,
Qui ſoulagent tes ſoins, mais ſur qui tu préſides,
Et dont tout le pouvoir qui fait tant de jaloux,
N'eſt qu'un écoulement de tes ordres ſur nous:
Ie rendray de ton nom l'Vnivers idolâtre,
Mais pour ce grand chef-d'œuvre il faut un grand Théatre.

Ouvre-moy donc, grand Roy, ce prodige des Arts,
Que n'égala jamais la Pompe des Céſars,
Ce merveilleux Sallon, où ta magnificence
Fait briller un rayon de ſa toute-puiſſance,
Et peut-eſtre animé par tes yeux de plus près,
I'y feray plus encor que je ne te promets.
Parle, & je reprendray ma vigueur épuisée,
Iusques à démentir les ans qui l'ont usée.
Voy comme elle renaiſt dès que je penſe à toy,
Comme elle s'applaudit d'espérer en mon Roy;
Le plus pénible effort n'a rien qui la rebute,
Commande, & j'entreprens; ordonne, & j'exécute.

FIN.

Extrait du Privilege du Roy.

PAR grace & privilege du Roy, donné à Paris le vingt-huitiéme Novembre 1667. Signé par le Roy en son Conseil, MARGERET; Il est permis à GVILLAUME DE LUINES Marchand Libraire à Paris, de faire imprimer la Traduction d'un Pœme latin sur les Victoires du Roy, &c. par le Sieur P. Corneille, pendant sept années; Et défenses sont faites à tous autres de l'imprimer, vendre, ny debiter, sans le consentement dudit Exposant, ou de ceux qui auront droit de luy, à peine de l'amende, & de tous despens, dommages & interests, ainsi qu'il est porté par lesdites lettres.

Ledit sieur de Luynes a fait part du présent Privilége aux sieurs Iolly & Billaine suivant l'accord fait entr'eux.

Achevé d'imprimer pour la premiere fois le quinziéme Decembre 1667.

Registré sur le Livre de la Communauté.

D. THIERRY, Adjoint du Syndic.

www.ingramcontent.com/pod-product-compliance
Lightning Source LLC
LaVergne TN
LVHW012020160826
845678LV00002B/947
* 9 7 8 2 3 2 9 6 6 7 8 3 6 *